PARIS. — IMPRIMERIE DE AUGUSTE MIE, rue Joquelet, n. 9.

UN BON FRANÇAIS

AU ROI

ET A SES CONCITOYENS.

PRIX : 50 CENTIMES,
Au profit des ouvriers infirmes de Bercy et du 2e arrondissement.

A PARIS,

CHEZ LE PORTIER DE L'AUTEUR, RUE BLEUE, N° 27;
DELAUNAY, LIBRAIRE, PALAIS-ROYAL, PÉRISTYLE VALOIS;
J. BRÉAUTÉ, LIBRAIRE, PASSAGE CHOISEUL, N° 62;
ET AUX DEUX MAIRIES DE BERCY ET DU DEUXIÈME
ARRONDISSEMENT.

4 JUILLET 1831.

UN BON FRANÇAIS

AU ROI

ET A SES CONCITOYENS.

AUX CARLISTES.

Par reconnaissance pour ce que les Bourbons ont fait pour son père et ses oncles sous Louis XV et sous l'infortuné Louis XVI, personne, plus que le vrai Français qui expose ici ses principes et sa conduite politique, ne vît revenir avec plus de plaisir Louis XVIII.

Aussi quitta-t-il tout pour le servir, ayant la ferme conviction que ce prince, élève du malheur, gouvernerait notre belle patrie d'après les lumières du jour ; et, en 1814, lui prêta-t-il avec joie *le seul serment qu'il ait jamais prêté* (1).

Il le servit pendant huit mois ; mais le trône ayant pris son assiette, et tout paraissant donner

(1) C'est le général Corbineau, ancien aide-de camp de l'empereur, qui lui a fait avoir la croix de Louis XVIII en 1814, et qui, dans les cent jours, voulut le faire confirmer et le faire même nommer officier de la Légion-d'Honneur, mais, vu son serment à l'auteur de la Charte, il le remercia ; ce brave et reconnaissant général commandant la 16e division-militaire peut attester ce fait. (*Voir n° 4, pag.* 20.)

l'espoir d'une longue tranquillité, il crut pouvoir rentrer dans son indépendance; la continuation de son service militaire n'ayant plus le caractère d'une utilité positive et immédiate, il donna sa démission; et, rentré dans la carrière commerciale (source de la prospérité des états), il reprit son poste civique dans la garde nationale à cheval.

Il atteste n'avoir jamais rien reçu pendant seize ans des Bourbons de la branche aînée, excepté six mois d'appointemens comme garde du corps, quoique lui et les siens aient été tous ruinés à la première révolution; mais il n'a jamais demandé de places lucratives ni d'indemnités.

Aussi a-t-il toujours eu son franc-parler à la cour des deux derniers rois, et ne s'est-il jamais gêné pour dire à tous ses anciens camarades qu'il y rencontrait couverts de décorations, de broderies et d'épaulettes à graines d'épinards, et que pour la plupart il avait eus sous ses ordres dans la garde à cheval, sa manière de voir et de penser sur ce qui se faisait.

Il pressentait la ruine du trône; et, non content de le dire hautement, il osa, le 19 novembre 1827 (1), manifester par écrit à Charles X lui-même les craintes malheureusement trop fondées que lui avaient inspirées les élections de cette

(1) Voyez les pièces affirmatives nos 1 et 2, pag. 14 et 16.

même année, sous M. de Villèle; et, le 19 juillet 1830 (1), il écrivit encore à Sa Majesté dans le même sens. Six jours après, le 25 juillet, étant à St-Cloud, dans la galerie, où il était entouré de hauts personnages (dont plusieurs avaient été pages sous son père) lesquels n'osaient rien dire à ce prince, *dans la crainte de perdre leurs places*, il n'hésita pas de s'exprimer à cet égard avec cette franchise qu'on lui connaît; de se prononcer pour que les fatales ordonnances dont on annonçait la prochaine apparition ne fussent pas publiées; et pour que Sa Majesté confiât à d'autres ministres les rênes de l'État.

Malheureusement son avis ne fut pas écouté cette fois : il le fit, au contraire, considérer, dans cette cour *à l'agonie*, comme un fou et même comme un homme suspect (2).

Nous en voyons le résultat : l'Europe est en feu; la belle France est désunie; la chute du trône de Charles X, frappé comme d'un coup de foudre, a ébranlé tous les trônes de la chrétienté.

Après une commotion si terrible, la seule ambition de l'auteur de cet écrit rapide, et son plus grand bonheur, serait de contribuer à ramener tous ses compatriotes au sentiment d'un devoir

(1) Voyez la pièce n° 3, pag. 17.

(2) Il a appris depuis la révolution qu'on le croyait attaché à la police de la cour, avec de gros appointemens, quel horreur! récompense du dévouement!... et ce, par des gens qui se disent bon Français!

commun, dicté par le besoin le plus pressant, le plus impérieux, et de les rallier au trône de Louis-Philippe, qui saura monter à cheval, et y mourir s'il le faut, comme un roi doit le faire, et surtout un roi des Français.

Ainsi, tout dévoué que je fus de tous temps aux Bourbons, à l'imitation de mon malheureux père, voilà, Carlistes, ce que j'ai fait, et quels sont aujourd'hui mes sentimens.

Il serait injuste de douter des bonnes intentions de ce roi si Français.

Bon citoyen, bon père, bon époux, ses paroles, toujours conformes à ses actes, partent d'un cœur franc et loyal... Et vous ne béniriez pas le ciel de l'avoir donné à votre patrie, qui, sans lui, tombait dans les horreurs d'une épouvantable anarchie !

Avez-vous à regretter des places, des honneurs ? rappelez-vous la noble abnégation de tout intérêt personel dont le duc de Doudeauville vous donna un si bel et honorable exemple, lorsque le licenciement de la garde nationale eut achevé de remplir d'amertume ce cœur généreux.

Charles X régnerait encore si ce sage conseiller du trône eût été écouté comme il méritait de l'être.

Avec un gouvernement tout français, la France heureuse et respectée verrait son commerce fleurir de plus en plus, et occuperait le premier rang, c'est-à-dire, le rang qui lui est dû parmi les peuples de l'Europe.

Mes chers compatriotes, vous tous qui, comme moi, aimez sincèrement votre pays, voilà le but vers lequel nous devons tous nous diriger dans ce moment de crise. Nous devons tous nous unir pour cela, mettre de coté le vil intérêt personnel, et mettre à profit les leçons du passé, pour adoucir nos maux présens et préparer un meilleur avenir.

AUX BONAPARTISTES.

Vous vous rappelez avec orgueil les jours de notre gloire!

Je ne les ai point oubliés plus que vous.

C'est sous l'empire que j'ai gagné à la sueur de mon front, dans le commerce, une partie de ce que la révolution m'avait fait perdre.

Mais, mes amis, celui que l'ambition a perdu et qui a perdu notre patrie n'est plus! Reportez vous à l'étendue de nos frontières; rappelez-vous ce qu'elles nous ont coûté et de sang et de larmes. Cessez d'écouter d'inutiles regrets; partez du point où nous a laissé votre idole, et fiez-vous à notre roi, qui, aidé de l'appui de toute la nation, aura toute la force nécessaire pour ramener le bonheur au sein de nos foyers.

Craints et respectés au dehors, si nous savons rester unis, nous continuerons d'être la première nation du monde.

Que l'ambition des places soit mise de côté, et qu'il n'y ait de récompenses que pour le mérite et le dévouement au bien du pays. Notre devise doit être *liberté pour tous, sans licence* ; voilà la seule base à donner à l'ordre public.

Je ne dis pas qu'il nous faille la paix à tout prix, Dieu m'en garde, mais le maréchal Soult est là! Occupons-nous d'abord de notre bien-être intérieur ; ne fesons qu'une même famille; unissons-nous pour donner, chacun selon nos moyens, du travail à la classe ouvrière ou des secours au peuple qui souffre (1); et préservons-le de se livrer à des agitateurs qui, trop peu soucieux de ménager l'honneur du nom français, cherchent sans cesse à l'égarer ; mais ils perdront leur peine ; car aujourd'hui, heureusement le peuple est éclairé plus qu'ils ne le supposent sur ses vrais intérêts.

Nous ne sommes plus en 93 : en dépit d'une poignée d'ambitieux qui seront à la fin démasqués, la confiance revivra comme le phénix, et notre commerce renaîtra de ses cendres.

---

(1) Voyez n° 5, pag, 21.

AUX RÉPUBLICAINS.

Jeunes fous que vous êtes, plusieurs de vous ont malheureusement à pleurer, comme moi, la mort d'un ou plusieurs de vos proches, tombés sous la faux révolutionnaire. Tout jeune que j'étais, il me semble en ce moment voir traîner au Chatelet l'auteur de mes jours, qui fut enlevé du milieu de ses infâmes juges par le peuple indigné. O braves gens du quartier des petits-pères! je me vois encore là dans vos bras avec ma mère épouvantée *mais forte de courage* (1). Au souvenir de ce que je vous dois, les larmes de la reconnaissance inondent mes paupières. Vous sauvâtes mon père prêt à monter à l'échafaud; mais, mes amis, mes bienfaiteurs, peu après errant et fugitif, il mourut dans la plus affreuse misère, loin de sa femme et de son fils, et cette pauvre mère fut assassinée dans mes bras au fond de la Provence (2). Quels souvenirs, grand Dieu!... Et qu'est-ce que ce rêve d'une république qui, quoique vous en puissiez dire, ne pourrait s'accomplir que par de tels forfaits! Ceux d'entre vous qui ont le bonheur de n'avoir pas à gémir de semblables horreurs, s'ils n'en ont pas

---

(1) Voyez fol. 25, ch. 184. *Procédure criminelle du Châtelet*, 1789 et 90. Pauvre mère, tu voulus sauver Louis XVI, et ton fils, à ton exemple, voulait sauver son frère et son infortunée fille!... C'est qu'il était près de toi!....

(2) A Grasse (Var), elle était nièce du comte de Grasse, qui contribua si puissamment avec le général Lafayette à l'indépendance des États-Unis!!! *Ségur*, T. 1, fol, 239 et suivans.

été les témoins, peuvent en trouver l'effroyable récit dans nos monumens historiques; mais combien le récit est au-dessous de la réalité!

Le bon peuple de France en est convaincu comme moi; et c'est avec admiration que mes yeux rassurés ont partout remarqué que le peuple éclairé sait aujourd'hui discerner ce qui est bon et juste; je l'ai vu en toute circonstance, et vous le voyez comme moi, exprimer dans nos théâtres, où se reproduit cette épouvantable époque, son horreur pour les scélérats qui l'ont ensanglantée; là, vous pouvez vous en convaincre, il prouve chaque jour qu'il a un fond de religion comme tout honnête homme doit l'avoir, et qu'il rend justice à chacun.

Contribuez donc à le rendre heureux en abjurant votre chimère; réunissons-nous tous pour ramener au milieu de nous l'ordre qui ne saurait renaître qu'autant que le travail redeviendra le gage de la subsistance du peuple.

Je le connais au fond: voilà ce qu'il demande; voilà son unique désir, parce que c'est son unique besoin. Pour contribuer à satisfaire à ce besoin, tout Français doit unir ses efforts à ceux de son roi qu'on entend quelquefois et si injustement accuser des maux qu'il endure.

Mettez la main sur votre cœur; douterez-vous que si la guerre est nécessaire, la voix de la patrie ne réunira pas tous les Français empressés de suivre leur roi, ainsi que ses enfans qui, au nom de l'honneur français, leur montreront le chemin de la gloire?

AUX JOURNALISTES DE TOUTES LES OPINIONS.

La liberté de la presse est assurément une belle chose, et je m'en sers en ce moment, *mais dans l'intérêt de mon pays.*

Sous l'empire nous ne l'avions pas, par la raison que l'homme extraordinaire qui nous gouvernait nous connaissait parfaitement. Le commerce, malgré la guerre, allait bien, chacun s'occupait de ses affaires, et n'avait pas la rage des journaux, qui passera. J'admets, si vous voulez, qu'il nous faille une opposition politique; mais, messieurs, avec l'esprit qu'il faut que vous ayiez pour avoir l'honneur d'être rédacteur d'un journal, ne devez vous pas convenir de la possibilité que quelquefois, en croyant amuser ou intéresser vos lecteurs, vous ne fassiez tout le contraire? N'allez pas interroger à ce sujet tous les cafés : là, personne ne se gêne : *liberté pour tout le monde*, c'est la devise de leurs habitués. La réponse que vous y recevriez ne serait pas flatteuse pour certains d'entre vous, qui poussent au désordre. Ils sont heureusement peu nombreux, et heureusement aussi le petit nombre de leurs abonnés leur donne la mesure de ce que le public pense d'eux.

Vous voulez éclairer le gouvernement? c'est très bien!

Vous voulez faire obtenir des places et des honneurs à vos protégés? c'est encore bien!

Mais tout le monde ne peut pas être garde-champêtre, percepteur, sous-préfet, préfet ou ministre. Avec le tact et l'esprit délicat que vous avez, vous devez sentir qu'il ne faut pas casser les vitres, car ce n'est pas là de quoi plaire aux gens de bon sens, et pourtant vous devez aspirer à être de leur compagnie, et mettre un prix à leurs suffrages. Je vous lis presque tous à tour de rôle, *bien entendu*, pour vous apprécier, tout le monde devrait en faire autant, car, qui ne lit qu'un journal n'en lit pas, et est trompé!...

Soyez, cela vous sera plus facile, soyez amis de votre pays; n'égarez pas le peuple par de fausses nouvelles, que vous êtes obligés de démentir le lendemain, ce qui vous ôte la confiance de vos abonnés et ne remplit pas votre caisse; signalez les abus en tous genres; mais, avant d'attaquer un compatriote, soyez bien sûrs qu'il le mérite. La calomnie ne convient pas à notre nation. En un mot, cherchez à concilier tous les esprits, à proposer au gouvernement et aux particuliers des travaux utiles pour occuper la classe ouvrière et même les soldats, qui ne demanderont pas mieux, au lieu de provoquer des souscriptions pour *des distributions sans travail*, proposez des cotisations triples, quadruples, pour salarier *des travaux utiles*, à la portée de tous les ouvriers sans emploi actuel.

Voilà mon principe : (1)

Vous êtes situés messieurs pour faire à votre gré le bien ou le mal de la France : accordez-vous donc tous pour que le public gagne quelque chose à vous lire ; éclairez-le ; donnez de bons conseils ; mais sans amertume et sans mauvaises intentions ; nous nous en trouverons mieux vous et nous.

Le chevalier de COMEYRAS,
Électeur du 2e arrondissement, rue Bleue n° 27.

N. B. Toujours sous le ministère Polignac, en juin 1830, j'ai remis moi-même à Charles X, si trompé par son entourage, étant à St-Cloud, à côté du duc de Doudeauville, du colonel Aclocque et du comte Dewals, une notice où je déplorais le licenciement de la brave garde parisienne, et exprimais mes regrets du renvoi du ministère Martignac ; j'y parlais des cumuls qui nous accablaient et d'autres abus. Il y avait quelque danger, mais que pouvais-je craindre : la flatterie donne du bénéfice mal acquis, mais la franchise désintéressée donne de vives jouissances ; cette infortunée princesse qui ne fut pas écoutée du roi, et éloignée de cette cour, me lira, j'espère, ce sera ma récompense ! et vous messieurs du conseil privé, vous n'étiez donc pas Français ?

(1) Voyez la pièce affirmative n. 6, pag. 25.

PIÈCES AFFIRMATIVES.

N° 1er.

AU ROI CHARLES X,

Port-de Bercy, 19 novembre 1827.

SIRE,

Ne pouvant obtenir une audience de mon Roi, à laquelle j'aspire depuis si long-temps, afin de lui faire part de tout ce qui se passe, sans craindre d'encourir sa disgrâce, mais voulant contribuer de tout mon pouvoir à empêcher le mal de s'accroître. Oui, Sire, je suis électeur et j'ai voté hier et avant-hier dans mon collége, qui est le huitième arrondissement: malgré tout ce que j'ai pu faire pour engager différentes personnes de ma connaissance à donner leur voix à M. Joseph Leroy, qui est pourtant reconnu généralement pour un très digne homme, il a suffi qu'il soit présenté par le ministère pour qu'il ne soit pas nommé; autrement il l'était avec acclamation. Ayant eu l'honneur de rester avec lui une demi-heure avant-hier en tête à tête, j'ai reconnu ses bonnes intentions pour son Roi et son pays, et surtout pour la tranquillité et la prospérité de notre belle France : c'est pourquoi je lui ai donné de tout mon cœur ma voix: mais il n'a pas été nommé. Votre premier ministre, Sire, doit être sûrement instruit de tout ce qui s'est passé hier dans votre capitale : il a vu l'élan de l'élite de la nation, qui est entièrement contre le système du jour, vu que les Français étant gouvernés par un Roi qu'ils porteraient aux nues ainsi que son fils bien-aimé, veulent de la gloire et des institutions basées sur la charte, afin que nous reprenions notre rang comme la plus belle nation du monde. N'étant stimulé par personne, je me suis fait un devoir de parcourir différens colléges et quartiers de Paris : ce n'était qu'un cri ; et toutes les opinions étaient réunies : et si j'aspire à obtenir de Votre Majesté l'honneur d'être gentilhomme *honoraire* de la chambre du Roi, que je postule depuis nombre d'années, ce n'est et ce n'était que pour être plus près de votre personne, et par ce moyen pouvoir instruire Votre Majesté, si cela m'était permis, des besoins de son peuple, qui vous aime, mais qui veut être heureux; ayant hérité de mon respectable et malheureux père d'une franchise à toute épreuve qui ne finira qu'à ma mort...

Pardonnez, Sire, à votre sujet bien fidèle et dévoué à votre personne d'avoir la hardiesse de vous parler ainsi, mais ne reconnaissez en lui que l'ardent desir d'entendre partout bénir son Roi, dont il se dit, avec le plus profond respect,

De Votre Majesté, Sire,

Le très humble et très dévoué sujet,

Le chevalier de Comeyras.

Fils unique du 1er gouverneur des pages de madame comtesse d'Artois.

N° 2.

A SON EXCELLENCE

Le ministre Secrétaire-d'État au département des finances, président du conseil, M. de Villèle.

Port de Bercy, 24 novembre 1827.

Monseigneur,

J'ai l'honneur de vous envoyer copie du placet que j'ai eu la hardiesse d'adresser à mon Roi, le 19 de ce mois. Comme son premier conseil, daignez, Monseigneur, faire changer le système qui nous gouverne, et par le talent que tout le monde reconnaît en vous, faire bénir votre nom par tout votre pays. Les Français, en général, reconnaissent tout votre mérite, et, pour les calmer, obtenez de Sa Majesté de changer deux de vos collègues (sans vous les nommer), et vous verrez aussitôt la confiance renaître, et tous les bons français se réunir à vous, dans l'espoir bien doux que vous reconnaîtrez en moi mes bonnes intentions. Sachant, d'après le rapport que m'ont fait différentes personnes de ma connaissance qui ont eu l'honneur de vous approcher, que vous aimiez la franchise, je me flatte que vous daignerez m'honorer d'une réponse, et si je pouvais obtenir de V. Exc. un moment d'audience, je me trouverais très heureux.

Je suis, Monseigneur,

De Votre Excellence,

Le très humble et obéissant serviteur,

Le chevalier de COMEYRAS.

La copie du placet à Charles X à aussi été envoyée au duc de Blacas et au baron de La Bouillerie le 24 novembre 1827, après avoir été écrite en l'étude de Me Moisson, notaire, rue Sainte-Anne, par MM. ses clercs, comme ils l'attestent.

Nous certifions que M. de Comeyras a fait transcrire les lettres ci-dessus dans notre étude, et mises à la poste le 24 novembre 1827.

FORMAINT. FOUBERT.

N° 3.

AU ROI CHARLES X,

Port de Bercy, du 19 juillet 1830.

SIRE,

Puisqu'il m'est impossible d'obtenir une audience de V. M. depuis quatre ans que je ne cesse de la demander, et que tout ce que je me permets de dire à tous ces messieurs qui ont l'honneur d'approcher votre personne auguste, ne sert à rien et que le mal s'accroît tous les jours, je veux encore ô mon Roi, faire comme aux élections de 1827, que j'ai eu la hardiesse de vous écrire pour faire part à V. M. de tout ce qui se passait, et d'en envoyer copies à MM. de Villèle, de La Bouillerie et de Blacas, que tous les bons français qui aiment franchement V. M. avec cette *Charte sans détour*, méprisent parce-qu'on l'accuse d'avoir vendu en 1814 des décorations, de cumuler plusieurs places qu'il remplit mal et avec arrogance, en décourageant vos dévoués sujets, témoin M. de La Bouillerie que vous pouvez faire parler; quand je suis venu leur faire part de l'oubli dans lequel on avait laissé madame veuve De Bal, d'Ostende. Eh bien! Sire, dans le seul collége sur lequel votre ministère comptait qui est le mien, le huitième, tout le monde disait : si nous avions un ministère français comme celui de Martignac, (vous vous rappelez ô mon Roi de ce voyage où j'ai eu volontairement le bonheur de vous suivre), nous nommerions M. J. Leroy, que nous reconnaissons pour un digne homme; mais avec un ministère Polignac qui nous menace des baïonnettes étrangères, de coups-d'état, nous voulons le renverser, être heureux et respectés en faisant le bien de notre pays et le bonheur du Roi que l'on aveugle. Voilà Sire, ce que j'ai entendu généralement, et il est de mon devoir de le dire à V. M. qui, si ma lettre parvient sous ses yeux, la confiant à un de vos fidèles et dévoués serviteurs qui n'ose peut-être vous parler, fera j'espère son effet. C'est ce que je desire ardemment pour éviter une nouvelle révolution qui ne pourra venir que par la tenacité de votre conseil ; car les esprits sont trop irrités, et actuellement il n'y a plus qu'une voix? c'est la charte!....

De grâce, Sire, pour vous et pour la France, consultez M. le duc de Maillé, et M. de Glandevès. Voilà des sujets fidèles et dévoués! je les connais bien, et toute la France sait les apprécier.

Sire, vous devez vous rappeler de mon pauvre père, franc et désintéressé : je peux avec orgueil dire que j'ai hérité de ses qualités, et d'un entier dévouement à votre auguste famille pour qui il sacrifia tout, puisquil est mort dans la plus affreuse misère. Il en est encore temps, que mes vœux soient exaucés.

Dans cet espoir, je suis

Sire,

de Votre Majesté,

Le très humble très soumis et très fidèle sujet,

Le chevalier de Comeyras (1).

---

(1) En 1827, quelle satisfaction j'éprouvais que mes vœux fussent exaucés, le ministère Martignac, ayant succédé; mais qu'elle douleur je ressentis en 1830, que ce ne fut pas de même, tant pour Charles X, et son infortunée famille, que pour la France! C'est qu'on lui cachait l'opinion presque générale! Mais non, puisque M. de Sémonville a fait ce que je voulais faire, et qu'il n'a pas réussi! Qu'aurai-je pu faire,

L'original a été remis à M. Legros, valet de chambre particulier de Charles X.

N° 4.

Justification (2) *de M. de Comeyras de Bercy, garde national à cheval.*

Moi, Jobert Lucas, ancien maire et député de Reims, me fais un grand plaisir et honneur de venir démentir formellement le bruit des plus calomnieux, que M. de Comeyras a vendu la ville de Reims en 1814; lui qui était tranquille négociant à cette époque, grenadier de la garde nationale: et je sais, ainsi que toute ma ville, qu'il a manqué d'être fusillé par les Russes, pour avoir déguisé et caché le général Corbineau, alors commandant la place de Reims.

En foi de quoi, d'après ses désirs, je lui ai donné cette attestation, puisque d'après l'infâme calomnie que l'on a répandue sur son compte, il a manqué de perdre la vie le 29 juillet dernier à la Maison-de-Ville, en voulant parler au général Lafayette à qui je l'ai présenté à l'instant étant à la chambre.

Paris, le 6 août 1830. JOBERT,

député de la Marne, des 221.

---

moi? Aux rois qu'elle leçon!!! Entourez-vous comme le bon Henri, de Sully, il y en a encore, et voyez par vous-même!....,

(2) Cette justification a été apposée sur les murs de Bercy et de la capitale, divers journaux en ont fait mention en août 1830.

Nota. L'original, revêtu du sceau de la chambre, a été confié le 7 août à M. Grados de Bercy, et lu publiquement le 8 août à la mairie de Bercy par M. Tricot, adjoint.

M. de Comeyras de Bercy, pardonnant à ses calomniateurs, desire vivement connaître le capitaine de la garde nationale qui le fit entrer dans la grande salle de l'Hôtel-de-Ville, le 29, à onze heures, et auquel il avait confié un projet tout de dévouement pour son pays, ainsi qu'à M. Latour jeune, chirurgien de l'hôpital Saint-Louis, qui l'accompagnait. Il prie surtout le généreux garde national qui lui a sauvé la vie (en l'enlevant tout mutilé des mains de ses assaillans, pour le jeter dans le petit escalier tournant, fermant la porte sur lui) et qui n'a pas voulu se nommer, de se faire connaître.

Jusqu'à ce moment il ne l'a pas trouvé malgré toute la publicité qu'il a donnée, ce qui le désespère: c'est pourquoi il le publie de nouveau dans l'espoir de le découvrir.

N° 5.

AUX OUVRIERS DÉROULEURS DE BERCY ET DE LA RAPÉE.

Paris, le 15 décembre 1830.

Mes enfans,

Depuis les événemens du 27 juillet et des jours qui ont suivi cette mémorable époque, j'ai éprouvé bien des vexations et des souffrances inouïes. La calomnie m'a couvert de ses plus noirs poisons. A mon retour, vous êtes venu m'apporter de grandes consolations, lorsque vous m'avez donné l'assurance que vous n'aviez trempé dans rien de ce qui m'était arrivé, je le savais bien; je vous connaissais. Mais, mes braves amis, vous avez comblé tous mes desirs en me priant de tâcher de faire sortir vos camarades de prison. Vous savez que j'ai réussi, et j'ai éprouvé un vif sentiment de bonheur, lorsque je me suis retrouvé au milieu de vous.

Je n'ai jamais cherché qu'à faire du bien dans la commune de Bercy; en bien des occasions, j'y ai fait preuve d'un grand zèle, et j'ai toujours été heureux lorsque mes efforts pour sa prospérité ont été couronnés de succès. Je pardonne de grand cœur à celui qui m'a dénoncé par écrit, et dont j'ai vu la signature. Il m'a calomnié de la manière la plus horrible; mais Dieu m'a vengé, et celui qui voulait ma perte n'est plus rien. Il me devait pourtant de la reconnaissance, et ses cheveux blancs ne peuvent le sauver du mépris qu'il mérite. A côté de ces pensées qui me pénètrent si fortement, il m'est bien doux d'exprimer toute ma gratitude à M. Libert, commandant de votre garde nationale, pour la belle conduite qu'il a tenue envers moi, le 8 août, à la mairie, ainsi qu'au brave M. Hacquart que je suis charmé de revoir en possession de sa place d'inspecteur du port.

Actuellement, mes amis, mettez toute votre confiance dans M. le maire de Bercy et MM. ses adjoints : ils en sont dignes. N'écoutez jamais les conseils de ceux qui tenteraient de vous insurger contre vos autorités légales. Les instigateurs en soulevant le peuple, n'ont d'autre but que de le faire servir d'instrument à leurs projets particuliers, et jamais ils ne cherchent les intérêts de la masse qu'ils font agir. Nous avons le bonheur d'avoir un roi sage, et auprès de qui parviennent sans obstacle les accens de la vérité. Par ses soins paternels la France verra bientôt renaître la tranquillité; le commerce reprendra son cours; l'industrie acquérera une activité nouvelle, et les ouvriers retrouveront du travail et le bonheur.

Quant à moi, victime de la méchanceté des envieux, je me console en pensant que cette fois la calomnie a été au moins bien maladroite; elle m'a imputé des actions que ma position sociale ne m'aurait jamais mis à même de faire. A-t-on jamais vu qu'un simple grenadier ait vendu une ville ? Le bon sens se borne ici à sourire de pitié, pour toute réponse. C'est un bonheur, pour les gens honnêtes, que la méchanceté ait tant de sottise ! Je me suis plu toute ma vie à faire le bien quand je l'ai pu, et quoiqu'il m'arrive, je ferai toujours mon devoir. Comptez sur moi, toutes les fois que je pourrai vous être utile, et ma récompense sera dans mon cœur. »

Dans la première révolution, mon père fut sauvé par le peuple qui l'enleva du tribunal. Il m'est doux de faire un rapprochement bien naturel de ma position avec celle de l'auteur de mes jours, puisque, dans ces derniers événemens, j'ai eu le bonheur de rendre quelques-uns d'entre vous à la liberté. J'ai payé la dette de mon père. Hier, mes amis, j'ai été remercier M. Comte, procureur du roi, et M. le juge d'instruction, pour ce qu'ils ont fait pour vos camarades. Je leur ai fait l'éloge de votre conduite présente, et je suis certain qu'aucun de vous ne démentira jamais par ses actions la bonne opinion que j'ai inspirée de vous tous à ces magistrats.

Quant au désir que vous m'avez témoigné de ravoir votre ancien chef, confiez-vous de ce soin à M. Réné, votre brave maire; j'éprouve ici le besoin de vous dire que Digue lui-même est venu près de moi il y a trois jours, et qu'il a eu la générosité de me demander de m'intéresser en faveur de Gabriel, votre ancien chef. Cette preuve de noble désintéressement ne peut guère se trouver que chez la brave classe du peuple, et non chez les grands dont toutes les actions ont presque toujours pour mobiles l'ambition, l'orgueil et l'égoïsme.

Le chev. de COMMEYRAS.

Rue du Bac, n. 36.

N° 6.

A Monsieur le maire de Bercy.

Paris, le 27 juin 1831.

N'ayant pas de réponse de votre part à la lettre que j'ai eu l'honneur de vous écrire dans le seul objet de seconder vos bonnes intentions connues pour le bien de vos administrés, je suppose que cette lettre ne vous est pas parvenue; je prends donc le parti de la suppléer par celle-ci, qui ne s'égarera pas comme la précédente, et je profite de cette occasion pour donner plus d'extension et de développement aux vues que je soumettais à votre sagesse.

Les négocians en vins et eaux-de-vies de l'entrepôt de Paris ayant eu la généreuse idée de secourir les ouvriers tonneliers et dérouleurs qui souffrent cruellement de l'affreuse stagnation des affaires, ont donné à chacun des chefs de ces trois corporations une somme de 500 fr., qui leur a été distribuée à titre de secours.

Les journaux ont donné de justes éloges à cet acte d'humanité. Toutefois, il m'a paru qu'il eût été plus avantageux d'éviter l'emploi de ce moyen d'exercer une bienfaisance qui, sans doute, honore ceux qui en ont eu l'idée, mais qui a l'inconvénient d'accoutumer la classe ouvrière à tirer des moyens de subsistance d'une autre source que celle du travail.

Selon moi, il vaut mieux, daus un temps calamiteux comme le nôtre, chercher des moyens d'occuper des bras oisifs que de nourrir leur oisiveté par des distributions gratuites. Donnez plutôt le double à un ouvrier en lui offrant un travail dont il soit capable, quand son travail habituel lui manque; vous ne l'humiliez pas, et ce que vous donnez profite à quelque chose.

C'est dans ce principe que, ne consultant que l'intérêt de la population ouvrière de Bercy, j'ai, beaucoup plus peut-être que ne le permettent mes moyens, fait jusqu'ici tous mes efforts pour continuer d'occuper tous les hommes attachés à ma propriété (qui malheureusement est aux 3/4 non louée vu les circonstances, et il faut pourtant payer les contributions,) ce que je ne discontinuerai pas de faire, sans m'exempter même de contribuer, suivant mes facultés, aux mesures qui pourront être adoptées pour le soulagement des ouvriers que laissent sans travail ceux qui, quoique plus riches que moi, n'imitent pas mon exemple.

Mais, monsieur le maire, je crois entrer dans les vues paternelles d'un homme de bien tel que vous, en exprimant le vœu que ces mesures, quelles qu'elles puissent être, aient toujours pour base un travail quelconque a offrir temporairement à l'ouvrier qui souffre, en attendant que celui auquel il est habitué cesse de lui manquer. Trente sous par jour, donnés à ce malheureux de cette manière, lui vaudront mieux, moralement et matériellement, que quinze sous qu'il recevrait comme secours sans travailler.

Il en résulterait sans doute que le sacrifice que s'impose volontairement la bienfaisance des habitans au-dessus du besoin extrême pour soutenir la classe souffrante dans un moment calamiteux devrait être plus fort; mais du moins il ne tomberait pas en pure perte : il profiterait au pays, et même il engendrerait des moyens nouveaux pour se prolonger par ses propres effets.

Il ne s'agit que de bien choisir des travaux à créer pour la circonstance, qui soient à la portée de tous ceux y seront appelés, et qui puissent avoir pour l'avenir des résultats durables, ou qui puissent, par leurs produits, renouveler indéfiniment le moyen de les continuer tant qu'en durera le besoin.

Ma première lettre, qui ne vous est point parvenue, vous donnait, monsieur le maire, quelques-unes de mes vues à cet égard; je vais les reproduire ici, en y en ajoutant de nouvelles que m'a sugéré le véritable intérêt que je porte à la commune de Bercy.

Je n'y suis plus domicilié, ce qui est un regret pour moi, au moment où il m'aurait été bien agréable d'ajouter une voix de plus à celles qui, je l'espère, se prononceront en votre faveur dans la prochaine réunion du collége électoral; je m'en suis exprimé dans ce sens avec plusieurs de mes anciens co-électeurs; mais y ayant ma propriété; oubliant le mal qu'on m'y a fait, et dont je suis loin d'accuser la population du port qui est naturellement bonne, reconnaissante et serviable; c'est pour moi un besoin de m'occuper de son bien-être, tant pour le présent que pour l'avenir.

Les objets ci-après me semblent pouvoir assurer ce bien-être, je les soumets avec confiance à votre sagesse.

1° Faire faire, dans ce moment, depuis le port de la Rapée jusqu'à la voute des carrières, des trous pour y planter des arbres à l'époque propre à la plantation, qui s'effectuerait avec plus de succès lorsque l'action de l'air aurait bonifié la terre dans toute la suface intérieure de ces trous restés ouverts pendant 5 ou 6 mois.

Ces arbres, qui seraient un ornement pour la commune, attireraient plus tard les promeneurs de Paris qui viendraient augmenter la consommation des guinguettes, et accroître les moyens des *locataires pour payer leurs loyers et leurs contributions;* mais, de plus, ils donneront un jour aux braves dérouleurs l'abri d'un ombrage salubre dans les grandes chaleurs; ils protégeront les vins contre l'ardeur du soleil, et dans les crues d'eau ils serviront d'une manière très utile les navigateurs qui pourront y amarrer leurs bâteaux.

2° Faire extraire du sable dans l'île et le transporter sur le port ou dans les magasins;

3° Etablir sur la Seine des bains chauds et froids. Le quartier de Bercy et de la Rapée en manquent; le besoin et l'avantage de ces bains n'ont pas besoin d'être démontrés et développés. (Ceci par action.)

4° Etablir sur le port des lieux d'aisances dans de petites cabanes. La décence et la commodité publique se trouvent réunies dans l'adoption de cette proposition.

5°. Inviter chaque propriétaire à faire peindre sa maison à l'huile: voilà du travail pour les peintres, un débit de couleurs qui fera vivre les marchands, et un embellissement durable qui rendra l'entretien des bâtimens à l'extérieur beaucoup moins coûteux à l'avenir.

6°. Obtenir des mêmes propriétaires qu'ils fassent bien déblayer et réparer les devants de leurs propriétés, afin que les voitures aient une circulation plus libre; et y ménager des trottoirs pour les piétons, à l'imitation de M. Cabanis, que nous avons malheureusement perdu.

7°. Donner aux femmes et filles des familles souffrantes, du lin et du chanvre à filer, en vendre le produit en fil pour racheter du chanvre à distribuer de la même manière, ce qui sera une source continuelle de travail pour cette partie intéressante de la population.

8°. Enfin faire faire de la charpie qu'on pourra vendre au gouvernement pour ses hôpitaux civils ou militaires, ou même envoyer aux braves Polonais, pour le service de leurs infirmeries.

Je vous rappelle, M. le maire, que je vous ai offert gratuitement, il y a deux ou trois mois, un emplacement pour le dépôt des marchandises soit ouvrées soit en état de matières premières, cette offre, je me fais un plaisir de la confirmer.

Cet exemple pourrait être suivi par tous les négociants et propriétaires de notre belle patrie, et surtout par le gouvernement, qui, faisant travailler les militaires à des travaux de fortification, de canalisation, etc., leur accorderait une haute paie qui leur permettrait une consommation journalière de vin et d'eau-de-vie, et alors ce commerce reprendrait sa prospérité par toute la France, qui serait à jamais reconniassante de cette mesure due au gouvernement éclairé du roi si Français, qui a bien voulu se charger d'une couronne pour sauver son pays; hé grand Dieu! qu'elle couronne!... mais il saura la maintenir avec force et gloire. J'assure de plus, que mon système sortirait les ouvriers de la gène où ils se trouvent

Afin de donner à mes vues *la publicité nécessaire* pour qu'elles soient remplies, je suis dans l'intention de faire insérer dans les journaux cette lettre que j'adresse avec une pleine confiance à notre digne maire dont j'ambitionne une réponse, et je ne doute pas que la commune de Bercy, toujours si empressée de bien faire, ne soit la première du royaume à adopter mon projet.

Dans cet espoir j'ai l'honnenr d'être,

Monsieur le Maire,

Votre dévoué serviteur,

Le chev[er] de COMEYRAS,

Rue Bleue n° 27.

N. B. Puisqu'il faut *actuellement* une autorisation des administrations supérieures pour établir des constructions très utiles pourtant aux communes, et qui font travailler les ouvriers; je ne doute nullement qu'aussitôt que M. le maire l'aura demandée, il ne l'obtienne de suite, les *administrations devant toujours chercher le bien général.*

Sous Charles X, la commune de Bercy a pourtant obtenu que la barrière de la Rapée soit ouverte toute la nuit, et que la ville de Paris fasse faire une deuxième porte à la barrière de Bercy, *barrière qui rapporte le plus de la capitale*, et malgré que depuis très long-temps cette commune si industrielle, *et qui n'a pas de revenus*, demande que l'on fasse paver la place en face de cette barrière, on promet toujours et rien ne se fait. Il faut toujours espérer!

Avis aux calomniateurs, pour servir de leçon à ceux qui voudraient les imiter.

Il paraît que la calomnie est à la mode puisque M. Gallois père l'a été aussi, comme il me le marque dans son écrit, lui qui dans la garde nationale à cheval ou j'ai servi, c'est fait aimer et estimer de tous ses camarades, et qui maire de Bercy, a toujours pris si chaudement les intérêts de sa commune; justice que je me fais un grand plaisir de lui rendre publiquement.

Mes deux infâmes calomniateurs ayant été révoqués de leurs fonctions, je les méprisais trop pour les attaquer devant les tribunaux. (Le prince de la Moskowa ayant eu la bonté de me montrer la signature de l'un d'eux, et M. Villaume, secrétaire de la mairie, m'ayant nommé l'autre). Mais à force d'intrigues, étant remis tous les deux en places, ce qui indigne les honnêtes gens de cette commune, je compte leur envoyer cet écrit, où ils se reconnaîtront bien, et si d'ici à un mois ils ne m'ont fait part de leur repentir, je verrai ce que j'aurai à faire, n'étant pourtant pas vindicatif, mais ne voulant pas que le gouvernement soit trompé, et que nos contributions soldent de tels créatures. L'un est à 100 lieues et l'autre à 200, de cette commune, où ils mont occasionnés tant de maux ainsi qu'à ma courageuse femme, où actuellement nous jouissons paisiblement des bénédictions de ce brave peuple, ô providence!!!

Le chev. de COMEYRAS.

Rue Bleue, n

www.ingramcontent.com/pod-product-compliance
Ingram Content Group UK Ltd.
Pitfield, Milton Keynes, MK11 3LW, UK
UKHW020442220726
13923UKWH00005B/2281

9 782019 667030